# De Reis van de Ziener

## Het Pad naar Verlichting

Almine

Vertaling door Cris van Cleemput
Bewerkt door Niels Rouwen

Grafische Ontwerpers
Josh Lawrence
Eva Pulnicki

Omslag Ontwerp door Paul Downes

Gedrukt in de Verenigde Staten

ISBN 978-1-936926-03-9 (Hardcover)
ISBN 978-1-936926-02-2 (Adobe Reader)

# Inhoudsopgave

*"Wat een onschatbare ervaring om een glimp te kunnen opvangen van één van de meest bijzondere levens van onze tijd. Dit boek is voorbestemd om een onuitwisbare indruk achter te laten."*

— Ambassadeur Armen Sarkissian, Voormalig Minister-president van Armenië, Astrofysicus, Universiteit van Cambridge, Verenigd Koninkrijk

# Over de Auteur

Almine is een mysticus, genezer en leraar die jarenlang door vele landen heeft gereisd, en duizenden individuen heeft bezield die zich aangetrokken voelen tot haar begrijpelijke uiteenzetting van gevorderde metafysische concepten. In het spoor van haar nederigheid en onzelfzuchtige dienstbaarheid hebben zich uitzonderlijke wonderen voorgedaan.

In haar leven, verrijkt door het mystieke en het heilige, heeft ze oog in oog gestaan met velen van de oude Meesters van licht, en herinnert ze zich volledig de oude talen van de goden, in geschreven en gesproken vorm.

Haar leer is gecentreerd rond het idee dat het niet alleen mogelijk is om een leven van meesterschap en liefde te leven, maar dat dit het geboorterecht is van ieder mens om zulke niveaus van volmaaktheid te bereiken. Haar reis is er één geworden van het leren leven in het fysieke; de delicate balans behouden van zelfbewust te blijven terwijl in een geëxpandeerde staat van bewustzijn te zijn.

*"Wanneer we leven in het moment, leven we in een plaats van kracht, afgestemd op eeuwige tijd en op de intentie van het Oneindige. Onze wil versmelt met die van het Goddelijke."*

— Almine

# De Reis van de Ziener

Lang en gepassioneerd is mijn weg geweest
om de betekenis van het leven te begrijpen.
Ik heb het gezocht in de verbinding met de
natuur, door te vasten in de woestijnen en in
de hoge bergen. Ik zocht er naar in de ogen
van de wijze en de dwaas, maar vond in hen
enkel de beelden van mijzelf.

Mijn zoektocht bracht vele antwoorden maar
de vragen hielden nooit op. Alle wegen
gingen rond en rond, maar kwamen altijd uit
bij mijzelf. Toen ik onder mijn dekens lag in
de bergen van Montana, zag ik dat alle sterren
door het wiel van de nacht draaiden, behalve
de poolster – onbeweeglijk en sereen op haar
hemelse troon.

En dus, zoals velen voor mij, trad ik de stilte
in mijzelf binnen, waar de stem van mijn
vragende geest tot stilzwijgen werd gebracht.
De rivieren stroomden in mij. Ik was de wind
en de wilde paarden die over de prairies
renden. De gelukzaligheid was diep en
verzwolg alle verlangens. Gelach golfde door
mijn cellen. Ik proefde goddelijke extase zoals
honing op mijn gehemelte.

Maar diep in de loomheid van mijn expansie, was er een vraag die door mijn ziel echode. De droom had de geest van de dromer verlaten, maar was de dromer nu niet de droom binnen gegaan? Ik was stil geworden, zoals de poolster, maar verkeerde in een geëxpandeerde toestand om de beweging binnenin te omvatten.

En wederom, toen ik op mijn bed lag, en al het leven gadesloeg dat zich binnenin bewoog, hoorde ik het zachtste gefluister: het leven is een reis, geen kamp. Zo verslaafd als de massa is aan hun beperkte gezichtspunt, zo ook is de wijze verslaafd aan zijn gelukzaligheid om alle dingen te zijn.

De ziener in zijn zoektocht door perceptie groeit in macht, steeds hoger en hoger klimmend. Voor de verlichte meester, die niet langer de dingen tracht te begrijpen, slipt persoonlijke macht door zijn vingers als zand in een vuist.

De spiraalvormige reis van de ziener, de vlakke geëxpandeerde staat van de wijze – om daar te kunnen leven waar deze twee gecombineerd worden met elkaar, dat was voor mij het volgende stadium. Herinneringen aan mijn kindertijd en lachen keerden opnieuw terug. Het avontuur van het onbekende, van verre horizonten die wenken, was nieuw leven ingeblazen.

En toch kan het kind niet terugkeren naar de baarmoeder, noch kan de rivier terugkeren naar haar bron. Door terug te keren naar het drama van de mens en door opnieuw mijn rol te spelen wist ik dat, hoewel het spel waarde had, ik niet de acteur was in de rol.

Vanuit het perspectief van de arend, kon ik het leven overzien en tegelijkertijd zien zoals een slak. Ik leefde in het oog van de storm, in rust in bedrijvigheid. Goddelijke ontevredenheid dreef me verder. Ik wist dat er meer vragen waren die nog niet beantwoord waren, iets dat nog niet gezien was.

Alles wat leefde binnen de kosmos verbleef in mijn wezen. Alle antwoorden binnen de rijken van vorm waren reeds bekend. Zoals de kronkelende paden had ik over de Aarde gereisd, nu was ik ook meester geworden van tijd en ruimte. Reizend naar verborgen rijken waar weinig zieners durven te gaan, tussen

demonen en engelen, draken en goden, wilde
ik leren wat zij wisten.

Ieder van hen had een pagina van het Boek
des Leven en toch maakte ik een grote
ontdekking: In het hart van de mensheid, lag
het volledige boek verborgen.

Verborgen door zelfingenomenheid, ligt alle
kosmische kennis binnenin de mensheid.
Als dichtste van alle wezens, is de mens de
microkosmos van het macrokosmische leven.

Verleidelijk is het ontdekken en het spelen te
midden van de wonderbaarlijke rijken van
licht. Telkens opnieuw rondgaan, zoals een
vis in een kom, zo is het leven binnen datgene
dat bekend is.

Tijd is een gereedschap in plaats van een realiteit.
Het helpt de illusie van vorm in stand te houden.
In tijdloosheid verliest de tirannie van de
verschijning dat vorm vast is haar greep.

Ik hield een verslag van mijn reis bij, zonder
na te denken of sommigen dit zouden geloven
of anderen de spot zouden drijven. Zoals een
verkenner drijvend op een eindeloze zee,
bracht ik de rijken die voorbij de geest liggen
in kaart, hopende dat ik de sleutels tot de
poorten die de mensheid gevangen houden
zou achterlaten.

De glorie van het leven, die zich onthult in haar
facetten, leek desondanks niet echt te zijn. In
een wereld van spiegels leven we en ik voelde
een steeds grotere ontevredenheid. Door vrij
te worden van ons denken ontsnappen we aan
onze beperkingen en kunnen we duidelijker
zien. Maar voorbij tijd en ruimte en de illusie
van vorm ligt nog meer dat niet echt is.

Voorbij alle vorige grenzen in de rijken van
tijdloosheid, waar zelfs de illusie van het
moment weg valt, ging ik op zoek naar de
grens van oneindigheid. De energievelden
van mijn lichaam barstten open door de druk
toen ik zag dat de spiegels zich eindeloos
herhaalden.

De barsten, veroorzaakt door pijn en smart van
het hart, brachten een grote zegening. Meer
licht kon ik nu bevatten, meer helderheid kreeg
ik toen ik transfigureerde in onsterfelijkheid.

Volledig stil werd de geest, zoals een meer dat ongestoord in het maanlicht ligt. Schrijven en spreken gebeurde automatisch, ongehinderd door een enkele gedachte.

De talen van de koninkrijken, de geheimen van subatomische bouwstenen van het leven – alles wat ik diende te weten verscheen. Het zoeken door de kosmos diende niet langer een behoefte.

Terwijl ik voor mijn haard zat of wandelde in een drukke straat, opende de hemelpoorten zich. Grote wonderen kon ik zien. De meervoudige lagen van spiegels die onze kosmos omringen waren niet meer dan lagen van een membraan, net zoals die in de huid.

Bundels van kosmossen, net zo uitgestrekt als de onze, lagen langs een spiraalvormig pad. Twaalf andere spiraalvormige paden van kosmossen ontdekte ik. Een bundel vormen ze, één van de velen die zich uitstrekken tot in de oneindigheid.

Geen behoefte om door de rijken van mysterie te reizen. Niets leek ontoegankelijk voor mij. Mijn lichaam transfigureerde in onsterfelijk meesterschap.

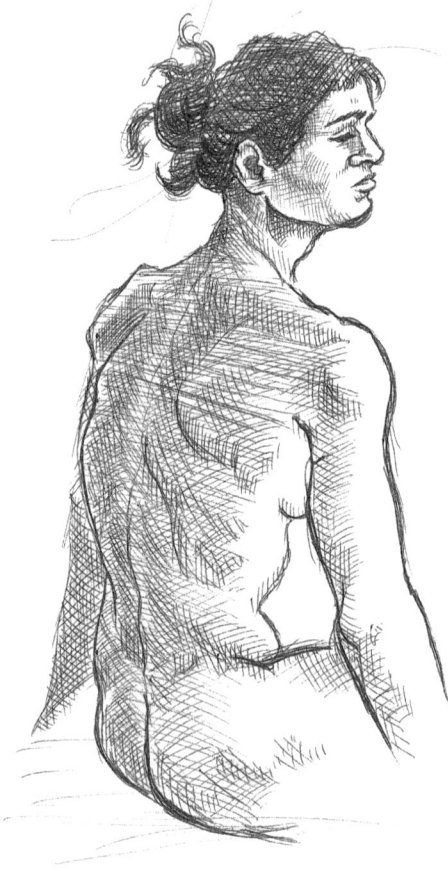

Het moment wordt gedefinieerd door wat het niet is. Alles wat te definiëren is, is onwerkelijk.

Terwijl ik observeerde en leerde van wat ik
kon zien, waren de antwoorden die ik kreeg
diepgaand. Groots als de spiralen die zich
uitstrekken in de oneindigheid zijn, waren ze
niet meer dan de weerspiegelingen van een
DNA-streng.

Indien men zou staan in een spiegelpaleis, zo
gaat een oneindige reeks van beelden terug
in alle richtingen. De kleinste beweging heeft
invloed op alles. Zo is het met het leven. Al
de grote, ingrijpende veranderingen van de
zich eeuwig ontvouwende werkelijkheid
zijn slechts een projectie door de kleinste
bouwstenen van het leven.

Door het hart van de subatomaire deeltjes
van het leven schijnen de beelden van de zich
ontvouwende onveranderlijkheid van het Ene
Leven. Dit was de aard van de Droom.

*Door de bouwstenen van het leven, verlicht de Oneindige de kosmische ontvouwing op een eindeloos podium.*

Doorheen de onmetelijke ruimte heb ik gekeken, maar slechts spiegelbeelden waren zij. Zoals alle weerspiegelde beelden, gaven de nooit eindigende weerkaatsingen het tegenovergestelde weer van wat is.

Nu keek ik door de harten van de subatomische deeltjes, de kleinste vensteropeningen in de eeuwigheid. Mijn dwaasheid werd daar onthuld. Er is geen onmetelijke uitgestrektheid of microscopische kleinheid; geen binnen of buiten, omdat tegenovergestelden niet onafhankelijk van elkaar kunnen bestaan.

In het uitwendige woont het innerlijke. In het wakker worden verblijft de droom. In de ontvouwing van de kosmos, ligt de eeuwige onveranderlijkheid. Ik zocht naar de velen binnen de Ene, maar alles wat ik kon vinden was mijzelf.

Maar in de spiegel zag ik duidelijk dat diverse levensvormen dansten op het podium van het leven. Hoe kon het zijn dat er geen ander was? Waar ging hun schoonheid heen?

Diep in mijn hart werden deze woorden gefluisterd: " De schoonheid die je zag was de jouwe. Nooit kan de onmetelijkheid van de oceaan verdeeld worden of gedefinieerd.

Er is slechts Eén Wezen in het bestaan die zich uitdrukt in vormloze vorm. De spiegel die je jezelf hebt voorgesteld, zoals een vinger die wijst naar het zelf, toonde je wat je niet bent, zodat je jezelf zou kennen."

Dan dient mijn vorm ook onecht te zijn, gedefinieerd door wat niet is. Het podium waarop ik mijn leven dans, gevormd door de kleine bouwstenen, is ook een illusie. Ben ik dan een hol bot dat nooit echt bestaan heeft?

"Zonder het holle bot, kun je nooit de fluit creëren. De adem van Oneindig leven die beweegt door de fluit, maakt uitzonderlijke muziek."

Onbezorgd zal ik dan dansen. Geen zelfreflectie zal ik zoeken. Want spiegels waren nooit in staat het Ene Leven te tonen dat spontaan door me heen beweegt. Binnen de beperkingen van illusionaire vorm, zal ik dankbaarheid voelen, wetende dat dit het doel dient van het Ene Leven, dat van spontane creativiteit.

Al het leven is het onkenbare. Er valt niets te begrijpen, niets om naar te streven om te worden
wanneer we een uitdrukking van de Ene zijn.

En toch is de schepping de Schepper. In het
Ene Leven kan er geen relatie bestaan. De
tegenstelling omarmen is het leven van een
leven in vrede.

# De Boekrollen der Oneindigheid

Hoe ver heb ik gezocht, hoe hoog heb ik gevlogen, om uiteindelijk de vrede van overgave te kennen? Door het Ene Leven geschapen – dit kosmische thuis waar ik alle dingen ben, maar toch altijd alleen.

Maar met onze vleugels dienen we ook wortels te hebben waarmee we van de dingen op Aarde kunnen genieten. De heilige bibliotheken met geschenken zo diepgaand kunnen, door diegenen die kunnen zien, in vele landen gevonden worden.

Hoor nu hun wijsheid, lang bewaard. Begraven zijn ze onder het zand van de Aarde.

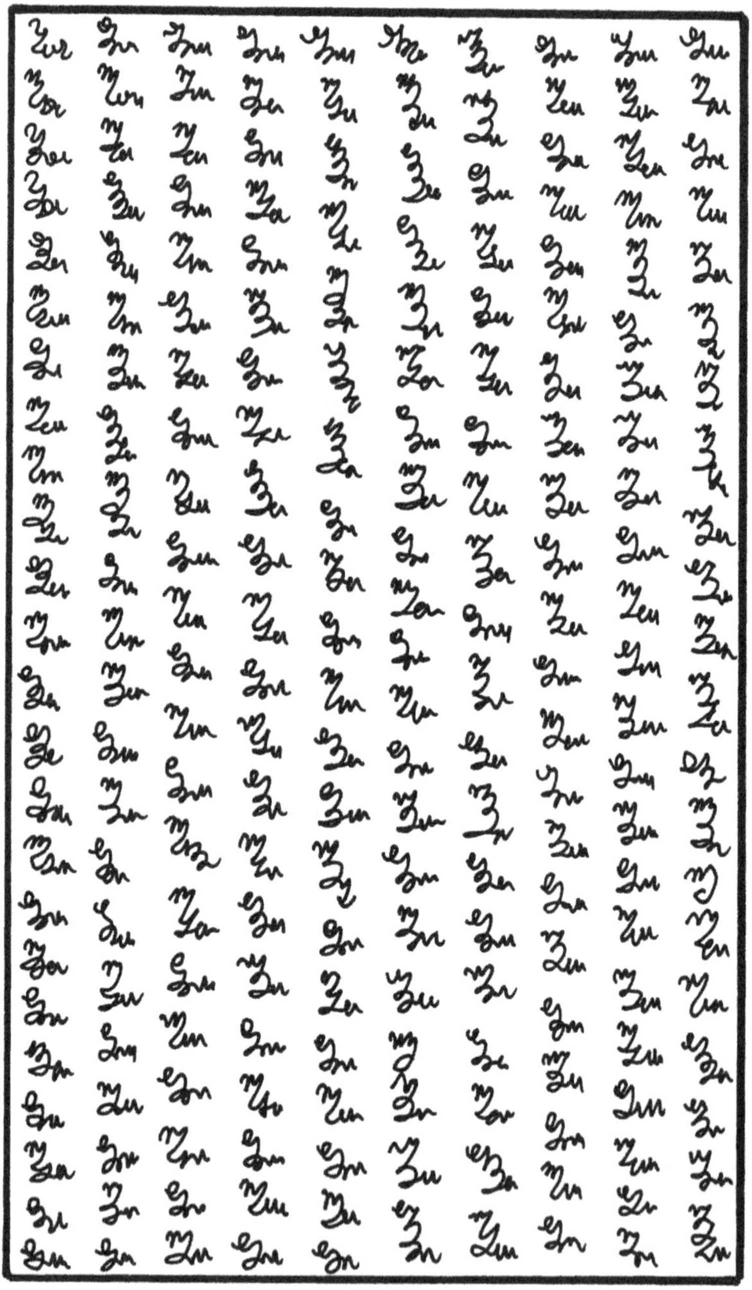

# De Boekrol der Oneindigheid Nr. 1

Wat is onsterfelijkheid meer dan het verlengen van een lang vergeten droom? De zoektocht naar permanentie is de dwaasheid van de geest, die vasthoudt aan structuur, en weigert het verleden achter zich te laten.

Wanneer stilte en beweging binnenin één worden, kan onsterfelijkheid oneindig lang worden bestendigd. Maar om dezelfde te blijven zonder fluïditeit is, binnen het Ene Leven, een onmogelijkheid.

Zwicht niet voor de dood maar wordt meester over het leven en verander dan je vorm zoals wolken in de hemel. In de dans van de regen of het stromen van de rivier, laat de dans van het leven zich ontvouwen door jou.

# De Boekrol der Oneindigheid Nr. 2

Laat het lichaam niet regeren, maar wordt
meester van haar behoeftes. Het lichaam is
een instrument, een vergankelijk veld in de
ruimteloze ruimte van de Oneindigheid.
Alles wat we rondom ons zien is, totdat we
het bestaan ervan bevestigen, slechts een
mogelijkheid.

Het lichaam lokt ons te denken dat we weten.
Het verschaft de illusie van een referentiepunt
binnen eeuwige stroom. Zoals de voeten
van de danser, moet het gehoorzamen. In
extatische eenheid met het Oneindige, is de
dansers' dans niet de zijne. Noch op succes,
noch op falen kan hij aanspraak maken, enkel
op de eenheid met het Ene Leven.

# De Boekrol der Oneindigheid Nr. 3

Diegene die denkt te weten is gevangen in de cocon van het gekende. Diegene die leeft in het onkenbare vliegt zo vrij als de vlinder.

De illusie van het gekende houdt ons in een aardegebonden perspectief, zoals de rups die kruipt over het blad, onwetend dat boven hem de vlinder danst in de wind. Voor zo iemand ontgaan de mogelijkheden van het leven.

Geen matrix of programma of gestructureerde uitkomst kan er bestaan. Dit zijn de illusionaire nakomelingen van de Grote Bedrieger – de rationele geest. Bedrogen door de zintuigen en gelokt in een denken dat het leven voorspelbaar is, doet het leven zich schijnbaar voor als definieerbaar. In plaats daarvan ontvouwt het zich telkens opnieuw in haar uitdrukking.

# De Boekrol der Oneindigheid Nr. 4

Door het verweven van geloofsystemen
hebben we een web van subcreaties
gecreëerd. De draden van onze overtuigingen
komen voort uit onze pogingen het leven te
beheersen door de werkelijkheid te maken en
te definiëren.

De Schepping is een illusie – slechts een ver-
beelding. Het is slechts wanneer we geloven
dat het echt is dat het spel een illusionaire
vorm aanneemt. Niets nieuws kan gecreëerd
worden op het podium van het leven want het
onveranderlijke en het veranderlijke verblijven samen als één in het Oneindige Leven.

De illusies, zoals schaduwen op de muur,
zijn opgeroepen doordat wij niet zien dat
we het leven niet hoeven te creëren, maar
slechts dienen mee te doen in haar eindeloze
verassingen.

# De Boekrol der Oneindigheid Nr. 5

Dat alle dingen een begin hebben, is er aangenomen. Dat een beginpunt voorafgaat aan creatie houdt een dubbele illusie in zich: want niets is gecreëerd en niets is begonnen. Eeuwig hebben we verbleven, ons uitdrukkend als de Ene.

Zoek de oorsprong van het leven niet. Val niet ten prooi aan de verslaving te begrijpen. Want de geest fixeert zich op zekerheid en biedt weerstand aan de bewegingsloze, onkenbare stroom.

Er is geen lineariteit, geen oorzaak en gevolg wanneer we verblijven in tijdloosheid als het Ene Eeuwige Wezen.

# Vormloosheid Omarmen

En velen, nieuw ontwakend in de dageraad,
die wensten vrij te worden
van de droom, kwamen
samen om te vragen wat hun
harten reeds wisten –
hoe het leven meer was dan het leek…

*Waarom is het zo dat als er meer dan één iemand gezien wordt, dat allen toch moeten bestaan als slechts Eén Wezen?*

Wanneer je ontwaakt uit de droom van het leven, een vormloze vorm in de eindeloze zee van het leven, heeft men nieuwe hulpmiddelen nodig voor ruimteloze ruimte; om te dansen met het Ene Leven in een paradoxale omarming. Laat meerzintuiglijke waarneming de vijf zintuigen vervangen. Wanneer de behoefte om te weten oplost, vindt er moeiteloos weten plaats.

Dan zal je de adem van de wind proeven. Het geluid van de muziek zal je zien. Je zult de gevoelens van het hart van een ander horen zoals muziek drijvend op een bries.

*Maar waarom zien onze ogen ruimtelijk en*
*verdeelt en bedriegt ons zicht?*

Het bedrog in de visie komt door het bedrog
dat wordt geloofd. We geloven dat vorm
statisch is, dat het echt is wat we zien.

*Hoe kunnen we van dergelijk bedrog ooit vrij zijn?*

Door de ketens te verwerpen dat we denken
te weten; door te leven als een kind, en het
onbekende te ontdekken.

*En vertel ons nu over spraak...want datgene dat bevestigd wordt, wordt werkelijkheid.*

Wanneer je communicatie ontvangt, luister dan niet met je oren. Laat alle zintuigen en het hart luisteren naar wat er achter de communicatie zit verscholen. Assimilatie kan niet plaatsvinden wanneer er gedachten in de geest zijn. Wanneer gedachten worden gestild, vind je daar de ware intentie achter taalgebruik.

*Is taal dan een verouderd middel om de realiteit te bevatten?*

Je kunt net zo goed proberen een vallende ster te pakken – of te reiken naar de eeuwigheid.

*Waarom weerhouden we ons dan niet van spreken als er niets te winnen valt?*

De enige taal die wie dan ook kan horen is het eeuwige lied van het Ene Leven. Waar slechts Eén Wezen in werkelijkheid bestaat, hoort communicatie niet thuis. Communicatie maakt deel uit van de grote samenzwering van het leven. Om te kunnen dansen, doet het alsof er dualiteit is.

*Maar is taal dan vriend of vijand wanneer het de woorden van de ander filtert?*

Speel het spel dat het leven ontwerpt, maar herinner dat niets gehoord kan worden …

*Wat is de zin van het spel te spelen wanneer het
slechts waarheid is dat ik zoek?*

Zoek niet naar datgene waarin je verblijft.
Waarheid is het Wezen van het Oneindige.
Het spel dat je speelt is ter wille van jou
gemaakt, om je van uiterlijkheden te
bevrijden. Zonder te doen alsof, is er geen
dans van geïndividualiseerde vormen. Door
het doen alsof relatie bestaat, worden diverse
uitdrukkingen geboren.

---

*Vertel ons van de cycli van het leven, over datgene
wat vooraf ging…*

Ingebeelde stadia van een Droom, niets meer.

*Maar zijn we dan nu in cycli die zich eindeloos herhalen? Misschien slechts grotere dan we voorheen hebben gezien?*

Cycli komen voort uit lineaire tijd dat als een spiraal rond en rond draait. Waar we dit ook terugvinden, daar vinden we cyclische veranderingen.

*Is er dan niets te veranderen wanneer we in veranderloze verandering verblijven? Wat is onze verantwoordelijkheid? Alsjeblieft, vertel deze antwoorden.*

Er is geen verantwoordelijkheid van jouw kant nodig wanneer de Oneindige ontvouwing zich uitdrukt door jouw hart.

*Maar zeker toch, wanneer in Eenheid ik zetel en in stille overgave ik blijf, dat dit dan bijdraagt aan het oplossen van de illusies om me heen?*

Er is enkel perfectie; zelfs illusie speelt haar deel. Er valt niets te verbeteren. Leef gewoon authentiek door het hart.

---

*Waarom is perfectie niet zichtbaar en lijkt het alsof chaos regeert? Waarom is er schijnbaar gebrek en bevinden velen zich nog steeds in pijn?*

Vanuit een kleiner gezichtspunt kan een hogere orde niet worden gezien. Het lijkt als chaos, lukraak gecreëerd. Pijn is het resultaat van het onmogelijke te proberen; de dans van het Ene Leven tegen te werken. Door onze weerstand vloeit pijn voort.

---

*Welke boodschap geef je als je ons verlaat vandaag?*

Je kunt niet dat achterlaten wat je bent. Wij zijn Eén en dezelfde ...

# De Wijsheid van de Ziener

Wanneer de richtingen thuiskomen in het hart
en er geen lineariteit meer is, worden we de
deur naar alles.

Moed is slechts nodig om de bezwaren van de
geest te stillen. Als de geest stil is, gaat juist
handelen automatisch.

De Aarde is mijn wieg en de hemel mijn
deken. Waar ik ook ga, ik ben thuis.

De geest creëert spiegels en vecht er
vervolgens tegen. Wanneer ik wacht in stilte,
onthult al het leven zichzelf aan mij.

Het Leven verandert, doch verandert ook niet. In haar ontvouwen verandert één vorm in een andere. Hoewel het destructief mag lijken, bestaat er enkel spontane perfectie.

Waar we naar kijken consolideren we. Wat we ervaren ontvouwt zich in eindeloze mogelijkheden.

Wat echt is, is onvergankelijk en onveranderlijk.
Door de onechtheid van vorm schijnt het echte
en gloeit het Ene Leven.

Wanneer handelen geen agenda bevat, worden
doen en zijn één. Ontspannen rust sluimert in
mijn werk. Werk wordt niet langer werk.

Schoonheid kan enkel worden waargenomen
als de geest stil is en het hart open. Wat is
schoonheid meer dan een vluchtige glimp van
de Eeuwigheid?

Daar waar verdeeldheid is, daar is illusie.
Wanneer iets gedefinieerd kan worden, is het
onecht.

Wetende dat het leven een droom is, kunnen we lucide dromers worden, meesters van de droomomgeving. Realiteit wordt vloeibaar in plaats van statisch en een leven van wonderen volgt.

Leven in geen-tijd betekent niet dat je geen aandacht besteedt aan wat voor je ligt, maar dat hetgeen wat voor je ligt alles is dat er is.

De ingewijde weet dat hij zijn omgeving kan veranderen door zichzelf te veranderen. De meester kent geen verschil, maar geniet van zijn omgeving als zichzelf.

De noodzaak aan externe wetten om de innerlijke wereld van de mens te regeren impliceert dat hij een gevolg is van omstandigheden in plaats van een uitdrukking van het Ene Leven.

Een gemeenschap kan een zegen zijn of
een ketting die bindt. Het is slechts als een
middel bedoeld om de individuen er binnen
te dienen, niet als een tiran die eist dat ze het
masker van conformiteit dragen.

Het lichaam is een vervangbaar veld dat door
een ander vervangen kan worden. Het is
slechts een dienaar. Het ware deel van ons is
de meester.

Onze omgeving kan dienst doen als een
weerspiegeling van wat we zijn omdat het ons
is. Het is slechts een eigenaardigheid van ons
zicht dat we het als afgescheiden zien.

Zelfvertrouwen is het resultaat van ego-
identificatie van het kleine zelf. Zelfgeloof
is het resultaat van bewust zijn van onze
onfeilbaarheid als het Ene Leven.

Genade komt voort uit schuldgevoel.
Schuldgevoel komt voort uit oordeel en
oordeel vanuit een niet in staat zijn te zien dat
alles dat bestaat een doel dient, anders zou het
er niet zijn.

Wanneer we terugkijken, komt het verleden
tot leven in het heden. Als we vooruitkijken,
creëren we een toekomst met enkel de
mogelijkheden van het moment en zonder de
bijdrage van nog komende momenten.

Om voorbij de grenzen van sterfelijkheid
te leven, dienen we vanuit de kern van ons
wezen te leven en als een aanwezigheid zo
omvangrijk als de kosmos die een menselijke
ervaring heeft.

Wil er totale Eenheid bestaan, dan dienen alle
wezens androgyn te zijn, hun mannelijkheid
en vrouwelijkheid tot één vermengt in een
perfect harmonieuze unie.

Elk geprogrammeerd gedrag dient op te lossen in de vloeibare uitdrukking van het Oneindige door ons heen. Dit houdt ook de geconditioneerde verwachtingen in rond de uitdrukking van mannelijkheid of vrouwelijkheid.

Alles als mogelijk omarmen gebeurt wanneer alle definities en verwachtingen oplossen.

Als leidingen voor de stroom van Oneindige
bronnen, dienen we onszelf eerder te zien als
beheerders dan als eigenaars.

In het één zijn met het Ene Leven heffen we
illusie in onze omgeving op, altijd verblijvend
in heilige ruimte.

Wat is de Droom van het leven meer dan de ongezongen noten die sluimeren als potentieel in de muziek?

Waardeer de rol van illusie, want datgene waarvan niet is ingezien wat de geschenken zijn die het brengt, wordt vervormd in haar expressie.

Individuatie komt voort uit de schaduwen
die datgene omringen dat door het Ene Leven
wordt verlicht.

Het helen van dualiteit betekent niet het
beëindigen van het lied door alle noten
tegelijkertijd te spelen, maar door er voor te
zorgen dat elke noot die gespeeld wordt het
geheel erin weerspiegeld.

Zelfs indien de illusionaire vorm zou sterven,
zolang als we zonder enige twijfel weten
dat we niet datgene zijn dat vergankelijk is,
zal een andere vorm onmiddellijk de vorige
innemen.

Niemand is echt vrij wanneer hij het masker
der identiteit draagt. Hij wordt een marionet
in de handen van anderen.

Zoals spinnenwebben motten vangen, zo
vangen programma's de menselijke ziel.
Bevrijd je van hen met al je kracht.

Het levenslied wordt disharmonieus wanneer
we focussen op illusie, de niet gezongen noten
van het leven. Onze focus verandert ze van
potentieel geluid in eigenlijke onwelluidende
tonen.

Wanneer we leven vanuit de volheid van
Oneindige Aanwezigheid, blijft alleen de illusie
die de dans ondersteunt overeind. Dat wat de
gratie van de danser ondermijnt lost op.

Schoonheid zoals gezien door de ogen is de
illusionaire schoonheid van vorm die, net
zoals een pot van klei, vandaag verrukking
brengt en morgen uiteenvalt.

Wanneer verandering lineair is, worden we uit de onschuldige puurheid van tijdloosheid gerukt door te reiken naar toekomstig potentieel. Wanneer verandering exponentieel is, komt toekomstig potentieel nu.

Wanneer schoonheid wordt gezien met het hart, verbinden we het echte deel van onszelf met het echte deel van het leven. We betreden het Ene Leven.

Gedachten houden het verleden op zijn plaats,
als verkalkingen die het heden beperken. Alleen
door gedachten te vervangen met moeiteloos
weten lossen deze op.

Vorm en tijd zijn verbonden als twee vleugels
van de ingebeelde vogel van lineaire progressie.
Wanneer we leven in geen-tijd worden we
ongehecht aan vorm.

Overvloed aan middelen wordt de onze
wanneer we uit de beweging van het leven
stappen, dat tijd is. Wanneer we het stiltepunt
worden, komt alles tot ons.

Spijt komt wanneer we geloven dat we
successen en mislukkingen hebben gehad. Als
onderdeel van de Droom van het Ene Leven,
stroomde het leven gewoonweg door ons.

Ons kleine zelf heeft geen vrijheid van keuze. Al het leven wordt gedirigeerd door het Ene Leven. De enige manier om vrij te worden is door het Ene Leven te worden.

Oorzaken binnen de Droom creëren geen gevolg. Het Ene Leven doet dit wel. Wanneer we ophouden met proberen het leven te beïnvloeden, vloeien wonderen door ons heen.

We geloven dat we los van onze omgeving
kunnen veranderen. Maar we zijn alle dingen.
Wanneer wij veranderen, verandert alles.

Dichtheid bestaat niet. Eén deel van de oceaan
kan niet dichter zijn dan een ander binnen de
ondeelbaarheid van het leven.

Vrede in de wereld komt door de vrede in
onszelf. Vrede binnenin komt voort uit het
innerlijke huwelijk van ons mannelijke en
vrouwelijke tot perfecte eenheid.

Wanneer we het leven trachten te herstellen
weerstaan we het leven, wat oordeelt en
verdeelt. Erkenning van heelheid verheft.

Achteruitgang is slechts aanwezig wanneer
er weerstand is tegen het leven. De werkelijke
aard van het leven is onvergankelijk.

Er bestaat niet zoiets als orde wanneer het
gedefinieerd wordt als structuur. Dit is slechts
een controlemiddel gecreëerd door de geest.

Er bestaat niet zoiets als chaos. Geen gebreken
kunnen er bestaan in het Ene Leven. Chaos
is slechts de manier waarop we datgene
beschrijven dat ons begrip te boven gaat.

Alwetendheid is niet toegankelijk door
de geest maar komt als de moeiteloze en
spontane uitdrukking van het hart.

Op geen enkel ogenblik vereist het leven
dat we het begrijpen. Het Ene Leven weet
alles en vanuit ons kleine perspectief is het
onbegrijpelijk.

Elke relatie is een illusie binnen het Ene
Leven, zelfs de innerlijke relatie tussen de
waarnemer en het waargenomene.

Zelfreflectie verhindert de zuiverheid van
spontaan leven door het creëren van relatie
met onszelf.

De al-kennis en de kunde van het Ene Leven
is de onze om gebruik van te maken. Dat leren
vereist is om uitmuntendheid te bereiken is
een illusie.

Het leven rondom ons ligt in onderling
vervlochten velden van mogelijkheden die
slechts tot leven komen wanneer het lied van
onze levens ze tot leven wekt.

Ontvouwing lijkt beweging, maar dat is slechts
een illusionair kunstje van onze zintuigen. Er
is geen beweging want er is geen ruimte noch
richting in het Wezen van de Ene.

Alle niveaus van bewustzijn zijn
gelijkwaardig in hun bijdrage tot de Ene.
Dezelfde volmaaktheid stroomt door de wijze
als door de dwaas.

De stroom van het leven is niet beweging.
Dat is een illusie te wijten aan het
achtereenvolgend accentueren van eeuwig
bestaande velden, zoals noten die gespeeld
worden op een piano.

Velen waarderen kennis en zoeken het
boven alles. Maar wat is kennis meer dan
de statische perceptie van het leven dat zich
gisteren ontvouwde?

Er kan geen hiërarchie bestaan in kennis
wanneer het gedefinieerd wordt als het
moeiteloos begrijpen in het moment – een
geschenk beschikbaar voor allen.

Schoonheid die de ongehinderde expressie
van het Ene Leven weergeeft kan niet
veranderen of vervagen.

Er kan geen hiërarchie bestaan in schoonheid
wanneer elke geïndividualiseerde levensvorm
een uniek facet van het zich ontvouwende
leven uitdrukt. De lelie kan niet schoner zijn
dan de roos.

Schoonheid, als de ware uitdrukking van het Oneindige Leven, moet zichzelf vernieuwen in tijdloosheid. De kosmos ondersteunt niet het statische.

Wanneer geliefden bezwijken aan de dood zijn we wellicht niet in staat om met hen te communiceren tussen de rijken, maar we kunnen dit wel binnen de Eenheid van ons Wezen. De dood kan dit niet verdelen.

In de erkenning van de eenheid van de mens, worden de diverse perspectieven van de stammen van de mensheid de onze en verrijken we van binnen.

We denken dat we het gewicht van de eeuwen dragen maar voor het Ene Leven is er slechts een moment verstreken.

De sleutel om van het bewegende wiel van
lineaire tijd in de stilte van het Ene Leven
te stappen, is het loslaten van het concept
van relatie door het begrip dat er slechts één
wezen is.

Lagen van illusie zullen niet loslaten totdat
hun waarde wordt gezien. Aanvaarding is het
begin van verandering.

Afscheiding heeft voor comfort gezorgd
voor de onderdelen van de Schepping die op
verschillende snelheden ontwikkelen. Herken
dit, zodat afscheiding plaats kan maken voor
Eenheid.

Het veranderen van de kosmos van een rups
in een vlinder mag catastrofaal lijken, maar
enkel vanuit Oneindige visie kan de perfectie
van deze veranderingen gezien worden.

De Droom heeft de kosmos verfijnd tijdens
haar incubatie stadia. De gereedschappen van
de Droom waren tijd en ruimte. Deze kunnen
nu met dankbaarheid worden losgelaten.

Er is geen beginpunt noch eindpunt. Er is
geen behoefte aan haast of streven wanneer
het leven gezien wordt vanuit dit eeuwig
perspectief.

Geen enkele goedkeuring van anderen kan
ooit geldig zijn, want zij kunnen niet de
unieke perspectieven en bijdragen van onze
levens begrijpen.

Geen zelfwaardering is nodig omdat we
geschapen zijn ter wille van vreugde. Er valt
niets te bereiken behalve intens genieten van
het leven.

Oppositie dient dankbaar erkend te worden
als een gereedschap van Individuatie. Het is
datgene wat de vreugdevolle dans van relaties
mogelijk heeft gemaakt.

Niets in het leven is ooit uit de hand gelopen.
Het lijkt slechts zo vanuit ons beperkt
gezichtspunt.

Waarheid is het enige dat bestaat en is het fundament van het leven. Illusie is het tijdelijk gereedschap van waarheid.

Hiërarchieën in het leven brengen verdeeldheid tenzij we realiseren dat we zowel de hoogte- als de dieptepunten van het leven zijn; de hoge noten en de lage noten van de symfonie.

We voelen ons dikwijls verantwoordelijk voor
het behoud van harmonie in onze omgeving.
Vanuit het hogere perspectief is er slechts
harmonie, en is er dus niets om te behouden.

Beschouw de perfectie van het leven en het
zal zich aan je tonen in eindeloze
synchroniciteiten.

De schaduwen in onze levens zijn niets meer
dan de spelletjes die we met onszelf spelen
om voorheen ontoegevelijk potentieel uit te
drukken.

Of we nu worstelen tot ontwaken of toestaan
dat het moeiteloze tot ons komt, ieder inzicht
komt op het exacte moment dat het bedoeld is
door het Ene Leven.

Door ons, en ondanks onszelf, drukt het
Ene Leven zich perfect uit. De zachtste viool
en de meest donderende trommels spelen
gelijkwaardige rollen in de symfonie.

Het leven is een perfect georchestreerd
toneelspel en elk wezen speelt zijn deel. Zelfs
al is er schijnbare apathie van één van de
acteurs, het staat geschreven in het script.

Het leven draait op één punt. Ieder van ons is zo'n scharnierpunt, die het geheel beïnvloedt met iedere actie op ieder moment.

Grootte betekent niets voor het Oneindige, dat verblijft in ruimteloze ruimte. Omdat we de wereld zien als groot en onszelf als klein, denken we dat de wereld op ons van invloed kan zijn. In onze realiteit waar we een poort zijn voor het Ene Leven zijn we de oorzaak, niet het gevolg.

Het schijnbaar geluk van sommigen op de
tredmolen van het leven is een illusie. Geluk
is niet het vervullen van onze verlangens,
maar vervulling zonder verlangens.

We aarzelen om te handelen voordat we zeker
zijn dat we een gunstige uitkomst kunnen
garanderen. Alle uitkomsten zijn gunstig in
de goedaardigheid van het Oneindige.

Laat het leven zich door ons heen ontvouwen
op een spontane en argeloze manier, gewiegd
in de wetenschap dat het leven goedaardig is
voor alle individuaties.

Ons overgeven aan de eenzaamheid van het
besef dat er geen ander wezen is dan Onszelf,
doet ons overgaan naar het uiteindelijke
volledige besef dat Wijzelf alle dingen zijn.

Alle comfortzones bestaan uit het vertrouwde en bekende, of men zich nu in ego-identificatie bevindt of in het meesterschap van expansie. Het leven dient onkenbaar te worden om één te worden met het Oneindige.

Er is geen groei nodig, maar er kan ook geen stagnatie zijn. Stagnatie dient plaats te maken voor het uitbundige voort gutsen van het Ene Leven.

Het is in het onschuldige ontdekken van het leven dat de meester geboren wordt. Laat onze mantra zijn, **Ik weet niets. Ik ervaar alles in de tijdloosheid van mijn wezen.**

De neiging om delen van het leven te benoemen om de rede te sussen en de illusie van voorspelbaarheid te creëren, maakt ons slaaf tot vorm. Om dit te omzeilen, ervaren we het leven met volledige aandacht voor het nu.

Hoe meer we focussen op één ding in de uitsluiting van al het andere, hoe meer beperkt het leven wordt. Focussen op één deel van het leven is vergelijkbaar met proberen een tomeloze fontein in een emmer vast te houden.

We zijn als poorten voor Oneindig mededogen. Anderen liefhebben voordat we onszelf liefhebben is niet mogelijk omdat het eigenliefde is die de deur opent van het hart.

Buiten Goddelijk Mededogen zijn alle vormen
van liefde slechts subcreaties van de mens.
Menselijke liefde bindt, Goddelijk Mededogen
maakt alle potentieel vrij.

Wanneer we niet leven vanuit de erkenning
dat het leven onderling verbonden is,
veroorzaakt de fragmentatie van het zelf de
waanzin van egocentriciteit.

Overtuiging is niet hetzelfde als juistheid.
Toch volgen velen blindelings omdat we
in de waan verkeren dat we het leven
kunnen kennen, terwijl het leven in essentie
onkenbaar is.

Genialiteit heeft geen intellect. Het is
aanwezig in de meester met een lege geest in
de vorm van moeiteloos weten.

De angst om fouten te maken, gekoppeld aan
het besef dat het leven onkenbaar is, maakt
dat de mens vasthoudt aan fragmenten van
waarheid van gisteren. Het is in zelfgeloof
als het Ene Wezen dat we het verouderde
loslaten.

We denken dat we talmen maar de kosmos
ontvouwt zich met een perfecte timing. We
zijn altijd perfect op tijd.

De timing van de dans van het leven is
georchestreerd door wat lijkt op vertragingen.
Vlekkeloos echter, is de timing van de passen
in de dans.

De diepgewortelde angst dat het Ene Leven
zich destructief kan gedragen, komt voort
uit het zien van de afbraak van het oude als
cataclysmisch. Vanuit het grote, eeuwige
perspectief geeft het leven gracieus toe aan
ontvouwing.

De oceaan van bewustzijn, die elk van ons is, rouwt niet om haar verliezen noch verheugt ze zich in haar winsten. De oceaan in haar volheid heeft eb en vloed in een eindeloze expressie van zichzelf.

Zoals een eigenzinnig kind, de autoriteit van de leiding van het Ene Leven. Bekijk met goedaardig humeur de capriolen van de geest maar geef er, net zoals een wijze ouder, niet aan toe.

In het toneelspel van het leven, spelen
diegenen die de planetaire lichtwerkers zijn
ook de rol van archetypische draaipunten van
het leven. Deze onbewuste kennis kan hen
aanzetten de wereld te willen redden, echter
het leven beweegt moeiteloos door hen.

Omdat het leven door ons heen beweegt,
hebben we geen keuzevrijheid en dus geen
verantwoordelijkheid. Het concept van
vrijheid is zoals de hand die tegen het lichaam
zegt, "Ik wil vrij zijn".

De stam is één van de timing mechanismen van het leven. Het tracht te binden door conformiteit, waardoor het individuen in middelmatigheid houdt. Diegenen die in uitmuntendheid willen leven moeten zich losrukken van de stam.

De wijsheid van gisteren beëindigde de droom van gisteren. Het heeft weinig toepassing op het beëindigen van de droom van vandaag.

Als je de tijger voert zal hij in plaats daarvan je
hand nemen. Het is niet moreel verantwoord
om het onechte te pacificeren of te sparen. Het
is disfunctioneel.

De bestaande ontvouwing van het leven is niet
merkbaar omdat al het leven tegelijkertijd
beweegt en verandert. Dit zorgt ervoor dat er
geen referentiepunt is waaraan verandering
gemeten kan worden. Leven is volledig nieuw
op ieder moment.

In de zoektocht naar de ontdekking van het zelf, zoeken sommigen het in anderen. De wijze zoekt het in de metafysica van de kosmos. Beiden zijn even geldig in de onthulling van het nooit eindigende mysterie.

Zelfkennis gaat Zelfliefde vooraf. Maar de enige zelfkennis die we ooit kunnen bezitten is dat we een onfeilbaar en zuiver instrument zijn van het Ene Leven.

Hoe meer we streven naar verlichting, hoe sterker de neerwaartse beweging om ons klein te houden. Levitatie moet gebalanceerd worden door zwaartekracht. Alleen in onveranderlijke verandering is er geen polariteit.

Om de ontvouwing van het Ene Leven te behouden, zullen onze inspanningen om verlichting in het leven te brengen de illusie van de schaduwwezens vergroten. Op deze manier is de kosmische symfonie altijd in harmonie.

"Er zijn geen schaduwwezens", zegt de leraar van het gekende terwijl hij rond zwemt in zijn illusionaire viskom van het leven. "Er zijn onechte schaduwwezens", zegt de leraar van het ongekende terwijl hij ze creëert door contact te maken met het niet geactualiseerd potentieel dat ze vertegenwoordigen.

De Schepping is een droom omdat in het Ene Leven individuatie nooit kan bestaan. In volledige samenwerking met het Oneindige wordt het een fijne droom.

Gestructureerde programma's van leven,
zoals sociale conditionering, werken als
een virus op het leven en veroorzaken een
dissonante realiteit. Observeer de oorsprong
van je handelen opdat deze niet voortkomen
uit programmering.

Zolang er enige programmering in ons
leven bestaat, zijn onze gevoelens een
onbetrouwbare bron voor de vertolking van
het ontvouwen van het Ene Leven door ons
heen.

Er is geen bestemming of lot. Geen goddelijke missie die we dienen te vervullen die op ons wacht. Het is de tirannie der rede die eist dat we ons bestaan verantwoorden voorbij de vreugde om te leven.

Velen geloven dat er sleutelmomenten zijn die we dienen te benutten om de kansen van het leven te maximaliseren. Omdat het leven onvoorspelbaar is, kunnen deze alleen achteraf gezien worden en zijn ze de niet te stoppen veranderingen in het tempo van het Ene Leven.

Fatsoen is niets meer dan de waarden van een
ander die onze daden censureren. Laat het
vrij zijn van bezorgdheid over de oordelen of
opinies van een ander een bewuste beslissing
zijn.

Spreken zonder authenticiteit bekrachtigt de
masculiene, afscheidende kwaliteiten van
het leven. Spreken vanuit het hart bevordert
inclusiviteit.

Velen overreden middels het activeren
van de subliminale tonen in de stem door
overtuiging. Om je te behoeden hieraan ten
prooi te vallen, luister met onthechting.

De taal van iemand die feiten weergeeft is
doods. De woorden van iemand die spreekt
vanuit het hart zijn levend. Dit is omdat ze het
volle spectrum aan tonen bevatten.

Spreek slechts wanneer je hart je ingeeft dit te
doen. Slechts dan zullen je woorden androgyn
van aard zijn. Op deze manier spreek je de
taal van het Oneindige Leven.

Laat je spreken een oorzaak zijn in plaats van
het gevolg van het spreken van een ander. Het
is meesterlijk om te antwoorden maar dwaas
om te reageren.

Verdedig jezelf niet. Welke behoefte is er voor diegene die verblijft in de onschuld van het Ene Leven om te willen bewijzen dat dit zo is? Enkel onschuld bestaat.

Diegene die spreekt kan niet luisteren. Het leven fluistert haar mysteriën in het oor van diegene die in stilte luistert.

Er zijn diegenen die in cirkels spreken en
diegenen die in een rechte lijn spreken. Luister
naar de betekenis achter de cirkel en voel de
betekenis achter het voor de hand liggende
van de rechte lijn.

Vele programma's ontworpen door de geest,
zoals religie, hebben de waarde van het
lichaam gereduceerd. Dit zijn werktuigen om
het onbeschrijfbare wonder van het lichaam te
controleren.

Het lichaam in zijn ware staat is niet
onderhevig aan de dood. Slechts wanneer
zijn licht niet gekoppeld is aan schittering kan
het sterven. Schittering drukt zich uit door
authentiek leven.

Reïncarnatie doet zich voor omdat we delen
van het leven vermijden. We slingeren
dan door vele levens tussen wat we willen
vermijden en wat we omarmen.

Wanneer we een geprogrammeerd leven leiden
kunnen we, zoals een mot in een spinnenweb,
niet onderscheiden wanneer een andere draad
van onbewuste programmering ons vangt.
Vrijheid van geconditioneerdheid zal het bin-
nendringen van de gedachten van een ander
verraden.

Laat er geen spijt bestaan over juist handelen.
Iedere handeling ondernomen vanuit
authentiek leven komt ten goede aan alle
betrokkenen, of dit nu duidelijk is of niet.

Hoe meer we de goddelijkheid in anderen zien en hoe meer we eenheid erkennen, hoe meer hun unieke gaven de onze worden.

Terwijl het leven door ons heen beweegt, kan haar dans uitgevoerd worden met genoegen of met weerstand. Genoegen komt voort vanuit een gevoel van avontuur en de tevredenheid die het resultaat is van overgave.

Er bestaat geen geschiedenis. Er is geen toekomst die op ons wacht. Enkel het moment
dat zich uitstrekt tot in de eeuwigheid.

Eenzaamheid is het begin van grootsheid. Het
is de plaats waar we de Oneindige ontmoeten.

Uit loyaliteit wordt blindheid geboren. Zie anderen in je omgeving iedere dag als nieuw, zodat je hen niet gevangen houdt door hun dwaasheid te ontzien.

Alles wat zich voordien heeft voorgedaan heeft je gebracht tot de volmaaktheid van het moment, het begin van tijdloosheid en de geboorteplaats van Eeuwig Leven.

# Slot

Zegen de ketenen die je gebonden hebben zoals de rups in dankbaarheid schuilt in zijn pop. In incubatie hebben we gelegen, wachtend op ons binnentreden in de majestueuze aanwezigheid van het Ene Leven.

Zoals de vlinder die vliegt op de wind en zijn vleugels uitspreidt in de stralen van de zon, denk niet terug aan je begrenzing met een gevoel van spijt. Het is de baarmoeder geweest voor je geboorte in onvergankelijkheid.

Niet langer zal je jouw weerkaatsing nog zien op de muren van je begrenzing, of kijken naar het verwrongen beeld van je oude identiteit. Want datgene wat je geworden bent kan niet gedefinieerd worden door het beperkte referentiepunt van je oude, aan de Aarde gebonden bestaan. Niet langer sluimer je binnen de cocon van halfvergeten dromen. Je bent één geworden met het gras dat met overgave danst in de wind. Het kind en de ouder van het Ene Leven ben jij.

www.ingramcontent.com/pod-product-compliance
Lightning Source LLC
Chambersburg PA
CBHW030638150426

42813CB00050B/150